WÖRTERWUNDERTÜTE

WÖRTERWUNDERTÜTE

Gedichte für Kinder

Gesammelt von
Eva Deutsch

Illustrationen von
Andrea Eckelhart-Göpfrich

Bibliografische Information der Deutschen
Nationalbibliothek:
Die Deutsche Nationalbibliothek verzeichnet
diese Publikation in der Deutschen Nationalbibliografie;
detaillierte Daten sind im Internet
über <http://dnb.d-nb.de> abrufbar.

© 2007 Eva Deutsch
Werke gesammelt von: Eva Deutsch
Illustrationen: Andrea Eckelhart-Göpfrich
Umschlagdesign, Herstellung und Verlag:
Books on Demand GmbH, Norderstedt
ISBN: 978-3-8334-8374-5
Alle Rechte verbleiben bei den Autoren

Lieber Leser!
Liebe Kinder!

Wir möchten uns gerne kurz vorstellen:

Alle Autoren in diesem Buch sind Benützer eines großen Lyrikforums im Internet. Dieses Forum nennt sich www.gedichte.com und ist das größte deutschsprachige Internetforum.

Wir kommen aus verschiedenen Ländern, die meisten aber aus Deutschland, Österreich und der Schweiz. Obwohl wir alle sehr verschieden sind, und uns oft gar nicht persönlich kennen, haben wir eines gemeinsam: wir lieben die Sprache und wir lieben Gedichte. Jeder von uns schreibt selber Gedichte. In unserem Internetforum gibt es die Möglichkeit, auf die einzelnen Gedichte zu antworten. Das ist sehr wichtig, denn so kann jeder von uns dazulernen und seinen Schreibstil immer wieder verbessern und gleichzeitig verschiedene Meinungen einholen.

Ich habe nun die Werke verschiedener Dichter aus diesem Forum zusammengetragen, von denen ich dachte, sie könnten auch für Kinder interessant sein, vor allem für schon etwas größere Kinder.

Alle Dichter haben mir ihre Texte kostenlos und gerne zur Verfügung gestellt, um Kindern den Zugang zur verdichteten Sprache zu ermöglichen. Dafür möchte ich mich bei allen Beteiligten von ganzem Herzen bedanken.

Wir haben uns entschlossen, den Reinerlös dieses Buches ausschließlich wohltätigen Kinder-Hilfsorganisationen zur Verfügung zu stellen.

Jedes Gedicht erzählt eine kleine, eigene Geschichte in kurzer Form. Von wem das Gedicht stammt, steht immer unterhalb des Textes in *schräger Schrift*.

Ich wünsche euch allen viel Freude beim Stöbern durch unsere Wörterwundertüte.

Eva

Inhalt:

Fröhliches

Jahreszeiten und Natur

Tierisches

Träumereien und Nachdenkliches

Ahnungsvoll

Auf Marzipanzettel
für Hänsel und Gretel
zum Durchlesen hext
Frau Ruxel den Text:

Lieb' Gretel heiz ein,
und du, Hänselein,
wirst ordentlich essen.
Nicht Nachspeis vergessen!

Macht Ordnung zu Hause!
Erst nachher gibt's Jause.
Bin, ahnend Gefahr,
auf Brandseminar.

Ingo Baumgartner

Suppenhochzeit

Zwiebelinius Tränenzier
war klein und dick, doch Kavalier,
und wurde heut vermählt.
Der Koch hat ihn verkuppelt

mit Peterlisie Bohnenkraut.
Sie wurde seine Kronenbraut;
geschnippelt und geschält,
so hat er sie versuppelt.

Der Gäste gab es viele, läuter
frisch´ Gemüse, leck´re Kräuter,
es kümmelte sich rührend
der Koch und heizte ein.

Die Papperlapapaprika
sang sellerie und sellera...
so feiert´ man gebührend
des Zwibelinius Frei´n.

Ja, das war in dieser Supp
ein frohes Tanzen und Gehupp,
und kam das End auch schnelle,
ists nicht romantisch auch?

denn unser Held und seine Peterlisie, sie gelangten später
in dieselbe Kelle,
und in denselben Bauch.

Johannes Göddemeyer

Meyer fällt eine Tanne

Mitten drin in Meyers Garten,
steht seit Tag, sowohl als Jahr,
eine Tanne, die dem harten
Alltag nicht gewachsen war.

Saurer Regen war, was letztlich,
so, wie Karies dem Zahn,
dieser Tanne so entsetzlich,
ihren Lebenswillen nahm.

Sie markiert seit eh die Mitte
vom Meyerschen Refugium,
Meyers Frau sagt, Meyer bitte,
nimm die Axt und hau sie um!

Die Gewalt die fasziniert,
auch Meyer selbstverständlich,
vermittels dieser er traktiert,
der Tanne Stamm letztendlich.

Sie fiel zum Opfer diesem Trieb,
man konnte es schon wittern,
von Meyer der finale Hieb,
ließ das Gewächs erzittern.

Der Baum, er stürzte mit Gemach
und ohne große Eile,
er teilte das Garagen-Dach
in viele kleine Teile!

Bruno Bansen

Füße abstreifen

Ob Penthouse, ob Iglu im Norden,
ob Häuschen im Walde versteckt,
die Hausfrau droht jedem mit Morden,
der arglos die Stube verdreckt.

Im Dünental mitten im Sandmeer
fragt Fatima Yussuf Ben Sad:
Du Alter, wo kommt denn der Sand her
am Boden von Küche und Bad?

Sinnierend blickt Yussuf nach draußen;
was folgte, war fraglos entbehrlich:
Ich glaube, das Zeug kommt von außen,
so wäre die Sache erklärlich.

Es funkelt in Fatimas Augen,
der Kochlöffel findet sein Ziel.
Man prüfe, was Ausreden taugen,
ist Bodenverschmutzung im Spiel.

Ingo Baumgartner

Fürsorglicher Oserhase

Im Ostergras sitzt angestrengt
der Osterhas, denn dieser denkt
an Ostersonntag schon – oh Schreck.
Die Ostereier – sie sind weg!

Das Werk von bösen Eierdieben
scheint diese Tat, denn liegen blieben
allein die Schalen noch im Nest.
Na dann – PROST MAHLZEIT – Osterfest!

Doch täuschte sich der Osterhase,
denn etwas piepst im Ostergrase.
Die Eier hat er gut behütet
und Osterküken ausgebrütet.

Stefan Heinig

Arme Würstchen

Bei mir kommen Wiener nur frisch auf den Tisch,
mit Ketchup und Senf und am liebsten als Pärchen.
Doch neuerdings stört mich am Wienergemisch
ein Umstand besonders, ich mag keine Härchen.

Und obendrein regt sich in mir ein Verdacht.
Die Wiener beginnen sich ständig zu wehren.
Ich stech mit der Gabel, sie rollen mit Macht
zur Seite, um mir den Verzehr zu erschweren.

So fasste ich heute betrübt den Entschluss
von Wienern für immer die Gabel zu lassen.
Denn Frankfurter stehen doch auch für Genuss.
Die Einwohner Wiens laufen froh durch die Gassen.

Stefan Heinig

Der Aufreiß-Faden

Der Aufreißfaden ist gewiss
ein raffiniertes Stück,
denn wenn er mal benötigt wird,
zieht er sich gleich zurück.

Ob Kekse, Bilder, DVDs,
zu Hause und im Laden,
die Krönung der Verpackung ist
ja stets der Aufreißfaden.

Doch reißt er, rutscht er, löst sich nicht
und führt gar oft ins Leere,
so ist die letzte Lösung meist
die altbewährte Schere.

Und mir bleibt am Ende nur
in Selbstmitleid zu baden:
Noch nie hab ich was aufgebracht
mit einem Aufreißfaden.

Eva Deutsch

Wisset dies!

Wisset dies, zu eurem Nutzen:
Steckt die eine Hand im Schuh,
tut die andre diesen putzen.

Andreas Fecke

Fragen Sie Ihren Arzt oder Apotheker

Ich fragte in der Apotheke:
Wie heilt man schnellstens Hühneraugen?
Man riet, dass Laugen zu dem Zwecke
als erste Hilfe meistens taugen.

Ich spritzte etwas Kalilauge,
mit Vorsicht, aber doch geschwind,
aufs linke und aufs rechte Auge.
Verdammt, die Henn' ist seither blind.

Ingo Baumgartner

Der Wechseldichter

Ein Mensch, von Ängsten arg getrieben,
es höre ihm kein Schwein mehr zu,
hat endlich ein Gedicht geschrieben
und nannte es "The red is blue".

Das lasen grundverschied'ne Leute,
die einen sagten: wunderschön,
jedoch der and're Teil der Meute
wollt' jenem an die Gurgel geh'n.

Es schrieb der Mensch ein neues Werk,
er dünkte sich kokett.
Als Titel stand jetzt der Vermerk:
"I know the blue is red"

Der Mensch, der bisher einsam war,
hat dieses schnell begriffen:
Gespalten ist die Leserschar
vom Lob bis hin zu Pfiffen.

Dietmar Hoehn

Ohne Ruhm und Geld

Früher war der Mensch ein Jäger
oder Sammler, der von Beeren.
Auch ein ausdauernder Träger
seiner Beute. So erklären
Wissenschaftler, die es wissen,
wie es kam in jenen Tagen,
dass der Mensch hat laufen müssen,
wollt' er füllen seinen Magen.

Hunger ist ja blanke Not.
Diese macht erfinderisch.
Wer also kein täglich Brot,
fand auf seiner Höhle Tisch,
der beschloss bald in Verbänden
wilde Tiere zu erjagen.
Dies erfolgreich zu beenden,
musste er sein Leben wagen.

Und so trieb an jedem Ort
der bewohnten Uraltwelt,
jeder unfreiwillig Sport,
ohne Ruhm und nicht für Geld.

Dietmar Hoehn

Rasenmähen: Anwendertipps

Es will ein Mensch beim Rasenmähen
sich im halben Kreis umdrehen
und zieht grad in vollem Schnitte
seinen Mäher in die Mitte,

Wo er just in Klettsandalen
festen Fußes grad noch stand.
Und er zieht mit starker Hand -
Ich erspare euch die Qualen.

Tipp:
Fehlen nach dem Rasenmähen
dir am Fuß die meisten Zehen,
wähle, auch um Zeit zu sparen,
ruhig ein andres Mähverfahren.

Denn:
Nach dem Schneiden an den Zehen,
kann man nur noch langsam gehen.

Dennis Droit

Forscherdrang

Ein Forscher drang mit Forscherdrang
in eines Dschungels Tiefe.
Ihm ward nicht bang, sein forscher Drang
zu forschen ihn beriefe.

Der Forscher forschte fasziniert
viel Fleiß, viel Federlesen,
fast fünfzehn Jahre unbeirrt
so drangvoll war sein Wesen.

Der Forscherdrang des Forschers drang
den Forscher wie besessen.
Die Forschung war sein größter Zwang.
Heut hat man ihn vergessen.

Dennis Droit

Der verliebte Arzt

Ein Arzt – die Hände in Gedärmen –
geriet beim Schneiden stark ins Schwärmen.
So entspricht des Freudes Regung
seiner schneidend Hand Bewegung.

Selbst am Ende beim Vernähen
konnt´ man ihn noch schwärmen sehen.
Und die Naht sah – ohne Scherz –
aus wie ein perfektes Herz.

(Für Harry Potter Fans:

Und die Naht, das ist kein Witz,
sah aus wie ein gezackter Blitz.)

Dennis Droit

Schäfchenwolkenweltmeister

In Australien, möcht ich meinen,
findet man die meisten kleinen
Schäfchenwolken lustig treibend,
oder windstill fliegen bleibend.

Irland sollte wegen Regen
nur den zweiten Platz belegen,
weil die dünnen Wölkchen leiden,
wenn dort fette Wolken weiden.

Schäfchenwolkenspitzenreiter
bleibt Australien, denn, lest weiter,
Schäfchen gibt es dort in Massen,
die die Wölkchen fliegen lassen.

Stefan Heinig

Sonnentag im trüben Sommer

Kleine Sonn', die aus dem Osten,
mein Gemüt harmonisch stimmt.
In den Gassen, zwischen Pfosten,
all Dein Glanz erhellend flimmt.

Und der Frohsinn, den Du brachtest,
schrieb mir diese Poesie.
Keine Zeit die Du nicht lachtest-
Diesen Tag vergess' ich nie

LuKoMotive

Die Muschelrassel

Strandbesuch auf kleinen Füßen
Muschelklang im Einmachglas
Klipper
Klapper
Helles Lachen
Seestern noch, und Grüntanggras
*
Kalkmusik beim leisen Laufen
Salzwindspiel im feinen Haar
Blinke
Blanke
Wache Augen
Suchen, wo die Welle war
*
Herzgeformte, Schneckenhäuser
Aus dem Sand herausgesiebt
Muschel
Rassel
Viele Jahre
Splitterfein, was übrig blieb

Helen Kadagies

Wolkenglück

(Triolett)

Schwerelos.
Weiter nichts:
Einfach bloß
schwerelos,
dort im Schoß
blauen Lichts -
schwerelos
und sonst nichts.

Andreas Fecke

4 Uhr 35

Der Tag
räkelt sich,
streckt seine
kühlen Füße
in den Morgen,
wenn

der Hahn kräht
und die Kirche
ihren spitzen Hut
noch tief ins
Gesicht zieht
bis

Sonnenstrahlen
die Nebel
von den Wiesen heben

Elke Kaminsky

Licht - Zeit II

Wolken blinzeln
beim Windtanz,
sie kneifen die
Augen zusammen und
hinter schmalen Schlitzen
versteckt sich Blau,
der Himmel
gaukelt.

Elke Kaminsky

Die Sonne beim Sonnen beobachtet

Strahlend hüpft die helle, grelle
Sonne an den Sonnenstrand,
denkt, ich bräun mich auf die Schnelle,
räkelt sich im Muschelsand.

Erst am Abend, nach paar Stunden,
nahm sie Sonnenmilch zur Hand,
doch entschwand mit roten Wunden.
Quälte sie der Sonnenbrand?

Stefan Heinig

Blumentraum

Wenn eine Blume
träumen könnt,
hätte sie ein Kleid
aus Feenstaub.
Verwebten Sternenlichterliedern,
mit Perlen
aus Tau?

Wenn eine Blume
träumen könnt,
wär sie unzerstörbar.
Kein achtlos
schwerer Schritt
knickt Blüten
aus Stahl!

Barbara Corsten

Sommersonnenscheinsonntag

Stolper holper zappel Brappel,
ach du alter Bock!
Komm heraus und spiel mit uns,
dreh dich, Hopp Galopp.

Kreidesonnen, Regentonnen,
heute wird gelacht.
Gummihopse, Kreiselbrumm
ha'm wir mitgebracht.

Blinde Kuh du Honigdrops,
grüne Wiesenknie.
Dunkel munkel, gute Nacht,
Stubenhocker iiihh.

Lange Nasen ätsche Bätsche,
haste Pech gehabt.
Die Soldaten und Piraten,
zieh'n beleidigt ab.

Wartet, haltet, Brrr und brems,
Dreht euch um, bleibt steh'n.
Hab's mir anders überlegt,
ich will mit euch geh'n.

Und sie springen raus ins Grüne,
keiner bleibt zurück.
Zwinker blinker Kinderlachen,
füllt die Luft mit Glück.

Charlotte Thiesies

Nichts als Sommer

Nichts als siedend heiße Glut,
blasser Himmel, Wolkenspritzer.
Schatten weicht dem Feuerrund,
Grillen wispern schon ganz heiser.

Flammgefunkel trägt das Meer,
Sonne spiegelt ihre Lichter.
Wo die Gischt das Land berührt,
nichts als rostbefleckte Felsen.

Nichts als Steppe, Dorngestrüpp
zwischen grünen Felsgeflechten.
Palmenfinger bleich wie Stroh,
bald verdorren ihre Hände.

Alles Sehnen stirbt im Brand,
übrig bleibt ein Kehrrichthaufen.
Sonne zeichnet seine Spur,
nichts als Sommer ohne Ende.

Speedie84

Windspiel

Seh den Wind
mit Farben malen
Gold gesprenkelt, silbergrau
Schattentanz
im Lichterglanz.

Seh den Wind
mit Wasser spielen
sturmgepeitschtes Meerestief
schaumgekrönter Wellenkamm.

Seh den Wind
die Menschen drücken
Schachfigur im Lebensspiel

hierhin dorthin

manchmal einfach
fortgerückt

Barbara Corsten

Herbstspielkindskopf

Wer schmeißt denn so mit Blättern?
Wer wird denn gleich mit Wind und Wetter wettern?
Und wer hat Sommerträgheit derart abgestaubt,
dass bunte Wäschestücke knattern
sofern der Leine nicht geraubt-
und Dackelohren flattern?
Ach du bist´s, Herbst.
Der du dir farbenreiche
Wirbelstreiche
selber grad ins Kerbholz kerbst.
Und Hüte wie Vögel und Vögel wie Bälle
und Gartenmöbel
(schüttelübel)
und nichts an seiner Stelle
von eben noch und andersrum...
und drum
auch Kopfschmerz streust.
und Nerven zaust.
Und umschmeißt, umreißt, -haust,
den Himmel wolkst, verquirrlst und wieder bläust.
Mit Fernsicht prahlst;
mit Abschiedsfarben malst.
Straßenkehrereiverhöhner!!
Herbstspielkindskopf, frecher!
Kindskopflocken oder -zöpfeföhner!
Kaputtner und Zerbrecher!
Doch opfere ich gern dir meinen Schirm
für dein aberwitzig ungestüm Gestürm.

Johannes Göddemeyer

Herbstbild

Frisch gewasch'ne Wolkenlaken
hängt der Herbst im Himmel aus,
festgezurrt am Sichelhaken
eines Monds: Durchs Blätterlaken
linst er friedlich uns aufs Haus.

Wind zerrt gierig an der Leine,
die die lichten Tücher hält.
Runde, grüne Stachelschweine
treibt er über Klinkersteine:
Kastanien, frisch und ungepellt.

Stürmisch ist die Welt geworden –
Wind und Ohren sind eiskalt.
In reinen, blauen Farbakkorden,
feuerbunten Blätterhorden
wurde dieses Bild gemalt.

Katharina Berger

Der Stein am Lindenbaum

Er ist vom Berg gestürzt, gerollt,
auf seinem Weg gab es kein Halten
und niemand weiß, ob er's gewollt,
es konnten auch Naturgewalten
bestimmend für sein Schicksal sein.

Im Tale erst, am Lindenbaum
kam er zur Ruh im weiten Schatten,
als hätte er den neuen Raum
sich ausgesucht; auf Mooses Matten
sitzt man zur Rast an ihn gelehnt.

Dana

Letzter Herbstgruß

Wolken weben Trauerschleier,
Licht und Farben sind entflohen,
Stimmgeflüster tönet leise.

Bäume biegen sich im Winde,
Blätterdach verliert an Fülle,
schaurig klingt des Windes Jammer.

Letzte braungefleckte Blätter,
schon verwelkt, dem Sterben nahe,
wirbeln zaghaft noch am Rande.

Dichte Regenfäden rinnen,
lösen was der Wind versäumte,
Zweigwerk bald im weißem Kleide.

Speedie84

Gegen jede Regel

Jahreszeiten stets im Wechsel,
alles lief in gleichen Bahnen.
Einen Bruch aus ew' gen Regeln
konnte niemand je erahnen.

Ebenholzumrahmte Nächte
weichen kaum dem Morgengrauen,
dennoch sprießen Frühlingsboten
auf den sonst so kahlen Auen.

Pollen kitzeln manche Nase.
Bäume wechseln rasch die Roben.
Schöpfung findet keine Ruhe,
Winter wurd' einfach verschoben.

Motorlärm zerreißt die Stille.
Plötzlich dröhnt ein Rasenmäher,
kürzt die viel zu langen Gräser.
Rückt der Frühling wirklich näher?

Ungewohnte laue Lüfte
haben Schnee und Frost vertrieben.
Jahreszeiten längst im Schwinden,
Wundersames ist geblieben

Speedie84

Nur kurz Erklärung:

Was ist ein **Haiku**?

Ein Haiku ist eine Versdichtung und hat ihren Ursprung in Japan. Der Vers eines Gedichtes ist immer - salopp ausgedrückt - eine Zeile.

Das Haiku hat strenge Regeln, es sollte immer drei Verse haben und so aufgebaut sein:

1. Vers : 5 Silben
2. Vers : 7 Silben
3. Vers : 5 Silben

In der Regel hat ein Haiku auch keinen Titel und befasst sich mit nur mit der Natur. Es wird eine einmalige Situation oder ein einmaliges Ereignis beschrieben, so als ob es jetzt gerade geschieht. Im Haiku findet sich ein Bezug zu den Jahreszeiten (zum Beispiel: fallende Blätter → es ist Herbst).

Haikus

**

Junger Märzmorgen -
Die Osterglocken leuchten
wie Kinderaugen
**

**

Neben dem Spielplatz
entstehen Bretterzäune -
auch Häuser wachsen
**

**

Erste Kirschblüten
färben junge Märztage -
und Kinderwangen
**

Nicole Lellek

Haiku

**

Aus lila Blüte
lugt frech, als gelber Samtfleck,
ein Hummelhintern.

**

Andrea Damm

Eine Frage der Erziehung

Es gab eine Sau einst,
die sagte zwar 'nein'
und dies zu dem Eber –
doch der war ein Schwein,
so kamen zwölf Ferkel,
zwar klein, doch es gibt
im Saustall nicht einen,
der diese nicht liebt.

Es fragte ein Ferkel:
Mama, Du als Sau,
Du müsstest es wissen,
drum sag mir genau,
wenn ich einmal größer bin,
könnte es sein,
und werde ich auch dann
ein ganz großes Schwein?

Sei ruhig, mein Kleiner,
ich weiß ganz genau,
Du bist zwar ein Schweinchen,
jedoch keine Sau.
Wenn Du einmal groß bist,
dann wird es so sein,
dann bist Du zwar größer,
doch kein großes Schwein.

Bruno Bansen

Faultiere

Faule Tricks

Die Faultier-Mama, die erklärt
dem Kinde, wie man dann verfährt,
wenn man als Tier, das wenig macht,
sowohl am Tage als bei Nacht,
sich's Leben dergestalt verschönt
In dem man dann der Faulheit frönt.

Nun gut, so sagt sie, liebes Kind,
weil wir ja faule Tiere sind,
da sage ich Dir auch nicht viel,
doch dieses: Ist Dein Lebensziel,
nur für den Fall – ich glaub's ja kaum,
der allernächste Nachbar-Baum,
und meinst, dass Du den leicht erklimmst,
In dem Du vorher Anlauf nimmst,
dann sag ich Dir, dass das bestimmt,
ein Ende, doch kein gutes nimmt!
Viel besser geht's, wie wir seit Jahren,
als faule Tiere so verfahren:

Wenn Dir entgegenwächst ein Ast,
dann wartest Du, und zwar gefasst,

bis jener, der da abgezweigt
genau in Deine Richtung zeigt.
Dann wächst der noch so ungefähr,
ein halbes Jahr, vielleicht auch mehr,
sodann, sofern Du's nicht vergeigst,
wird's Zeit, dass Du auf diesen steigst
und falls Du den dann doch verpasst,
nimm nächstes Jahr 'nen andern Ast.

Bruno Bansen

Die Kuh im Weltall

„Wer fliegt dort hoch am Himmelszelt,
süß Lieder pfeifend um die Welt?
Wer ist das, den am Firmament,
dort oben keine Sau erkennt?
Wer wird das sein, der hoch und höher
und fliegend kommt den Sternen näher?"

Es ist 'ne Kuh die mich das fragt,
„Es ist 'ne Kuh!" hab ich gesagt,
„Das weiß ich auch", sagt darauf jene,
„nur - ist das Gertrud oder Lene?"

Bruno Bansen

Ausgedient

Im Waschbereich am Fliesensockel,
da kränkelt hin ein Wassergockel.
Er faucht und prustet, quietscht und kräht,
wann immer man am Halse dreht.

Dem Tierfreund fällt die Sache schwer,
es muss ein neuer Gockel her.
Mit Trauermiene schließt er an
den nagelneuen Wasserhahn.

Ingo Baumgartner

...und wer holt wann und warum die Kuh vom Eis?

Sobald es Winter ist und kalt
und friert, selbst Stein und Bein,
dann fällt der Kuh, auch wenn sie alt
ist, Folgendes gleich ein:

„Wo sind für'n Schlittschuh-Lauf die Schuh'
womit ich Schlittschuh fahre?"
an so was denkt nun diese Kuh,
im Winter alle Jahre.

Dann tobt sie wie 'ne wilde Sau,
dreht wirbelnd Pirouetten,
sie bricht in's Eis und friert ganz blau,
der Landwirt kommt, sie retten.

Er fragt sie dann, warum auf's Eis
sie jeden Winter geht?
„Jo mei" sagt sie „woas froagst für'n Scheiß,
im Juni wär's zu spät!"

Bruno Bansen

Wie ein Elefant im ...

Ein Elefant ist angetan
von Dingen, die aus Porzellan
in Form von Vasen und Figuren,
in Groß, in Klein, in Miniaturen.
Vor Freude zittern ihm die Waden
im gut sortierten China-Laden.
Entsetzen macht sich rundum breit,
au wei, au weh, die Kostbarkeit!
Doch einfühlsam und elegant
bestaunt und prüft der Elefant.
Der Rüsselfinger streichelt Tassen
in Zärtlichkeit, man kann's nicht fassen.
Man sieht erstaunt, dass dann und wann
ein Sprichwort kräftig irren kann.

Ingo Baumgartner

Modernes Afrika

Im Schatten der Akazie
liegt hingestreckt voll Grazie,
verdösend Hitzeflimmerstunden
ein Leu, die –innen sind verschwunden.

Die Quaste hint' am Löwenschwanz
hüpft zuckend im Taranteltanz.
Dies heißt bei Löwen allgemein,
wann stellen sich die Frauen ein?

Die Damen kommen angetrabt,
erschöpft, verstört und ungelabt.
Die Antilope, der Gazeller
verblieben sprintend etwas schneller.

Der Pascha gibt sich sehr bescheiden,
er muss ja keinen Hunger leiden.
Statt Zebra, Gnu und Warzenschwein
darf's heute Döner Kebap sein.

Ingo Baumgartner

Der Wolf ohne Schafspelz

Ein Falke sprach zu einem Spatz:
„Grüß Gott und Piep, mein kleiner Fratz!
Ich hätte der Probleme zwei:
Mein Magen leer und nix dabei!"

Das Spätzlein äugte ziemlich keck
und sagte: „Drei! – Die Federn weg!
Doch wär ich splitternackt wie du,
ich hielte mir mein Bürzel zu!"

„Gewiss, mein kleiner, leckrer Matz.
Doch dieses war dein letzter Satz!
Ich ließ die Federn heut zu Haus
und ging als Wanderfalke aus!"

Stefan Heinig

Amsel Arnold

Amsel Arnold ist entzückt,
grad ist ihm ein Coup geglückt.
Grad hat er ein Nest gebaut,
jetzt fehlt nur noch – eine Braut.

Er fliegt hoch und schwingt die Schwingen,
er beginnt ein wildes Singen,
ja, er stemmt sich in die Brust,
so stark ist die Vogellust.

Jetzt sitzt er im Nest und trällert,
ganze Symphonien vergeh´n,
doch Herr Amsel bleibt heut Single:
Morgen soll es weitergehen.

Arnold Amsel – muss man wissen –
ist im Grunde nicht sehr helle.
Baut sein Nest auf einem Frachtschiff,
der bekanntlich dümmsten Stelle.

Dennis Droit

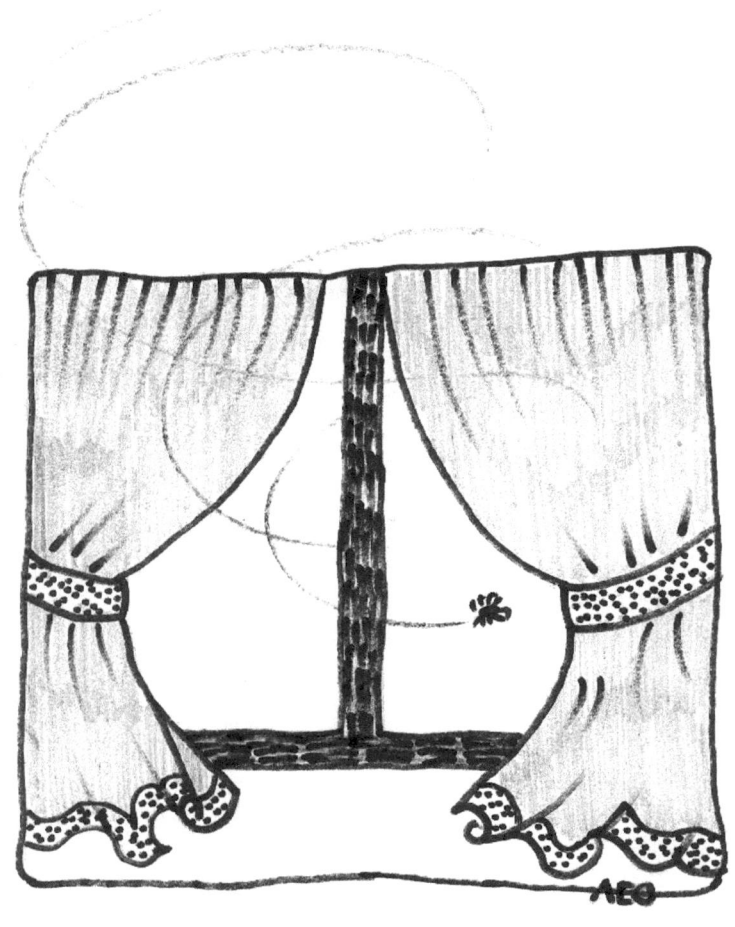

Fliege Frieda

Die Fliege Frieda ist verwirrt,
als sie durch die Wohnung schwirrt.
Sieben mal schon – dass es hallt –
ist sie an das Glas geknallt.
Diese fiese Fensterscheibe
rückt bedrohlich ihr zu Leibe.

Frieda kann den Baum doch sehen,
sieht doch Kühe draußen stehen
und begreift es einfach nicht,
was ihr stets den Flug abbricht.
Dieser fiese Fensterzauber
grad heut sind die Scheiben sauber.

Klein Frieda stöhnt, ist resigniert.
Jetzt hat sie´s noch mal probiert.
Volle Pulle ab - dafür
klebt sie wieder mal davor.
Und die Welt, sie strahlt herein –
wie gemein, ach, wie gemein.

Dennis Droit

Kleiner weiser Hund

Kleiner Hund, komm, tausch mit mir,
ich gebe all mein Denken Dir -
für diesen einen Tag!

Du könntest dann so viel verstehn,
die Welt mit meinen Augen sehn -
wärst Mensch auf einen Schlag!

Der kleine Hund erhob sich bang,
und prüfte mich mit Blicken lang,
als wüsst' er, was ich sag.

Er sah mich voller Mitleid an,
bedankte sich und meinte dann:
"Weiß nicht, ob ich das mag."

Peter Marx

Geruchseindrücke II

Mandel, Zimt und Honigduft,
neben Vaters Pfeifenwürze,
Mutters Suppenküchenluft
tänzelt noch an ihrer Schürze.

Heimatduft verspielte Träume-
und ein Herz das danach schreit-
voller süßer Apfelbäume
zieh'n mich Heim und sei es weit.

LuKoMotive

Sieben Weltmeere

Pfützen waten,
nach dem Regen.
Advokaten, große Taten.
Seepiraten ohne Spaten.
Rätselraten, überlegen.
Pitsch- patsch
Stiefelmatsch.

Gräben bauen,
Meere binden.
Schiffe, Frauen, Schätze klauen.
Dämme stauen, Selbstvertrauen.
Schulter hauen, Inseln finden.
Schwippe- schwappe
Augenklappe.

Halt verlieren,
nasse Füße.
Auf den Vieren sich genieren.
Amüsieren, imponieren.
Zelebrieren Seemannsgrüße.
Zetter-schmetter
Donnerwetter.

Andrea Damm

Pappkarton voller Träume

Ein Pappkarton ist meine Welt,
er bietet mehr als tausend Räume
Gedanken schlagen Purzelbäume,
ich tu', wovon ich immer träume:

Ich stech' mir Sterne in den Himmel,
bin Astronaut, ein wahrer Held
Umkreis' den Mond wie's mir gefällt,
errichte auf dem Mars mein Zelt.

Ein Küchenlöffel ist mein Schwert,
bin Ritter auf dem stolzen Schimmel.
Besiege Drachen, böse Lümmel,
der Größte bin ich im Getümmel.

Mit Augenklappe, Bart und Bräune,
bin ein Pirat, der Meere quert.
Ich suche jeden Schatz mit Wert,
bis Mamas Ruf ihn mir verwehrt.

Christian Glade

Was bleibt

Er war noch klein,
spielte am Strand
und baute viele
Burgen im Sand.

Sein bester Freund,
ganz ohne Grund,
trampelte nieder,
lachte sich rund.

Diese Art Kummer
verwehte der Wind,
glückliche Jugend,
fröhliches Kind.

Doch jeden Schlag
von deiner Hand
fühlt er noch immer
wie eingebrannt.

Dana

Kleine Tritte

Kleine Tritte,
scheuer Beine
eigne Weise,
in die Mitte -
wolln aufs Neue
Kunde machen,
von der Wunderwelt.

Sanfte Schritte
suchen meine.
Zärtlich leise
ihre Bitte -
und das scheue
Kinderlachen
ist ihr Reisegeld.

Peter Marx

Dein Wunsch

Dein Wunsch kommt heiter und doch leis
auf weichen Schwingen
sacht daher geflogen,
als sei er mit dem Traum verwandt
und einem großen weiten Regenbogen.

Er webt sich Farbenspiele ein,
summt voller Hoffnung
auch ein Lied im Stillen
bringt einen Silberstreifen mit,
als wolle er sich endlich dir erfüllen.

Elke Kaminsky

Mein Teddy und ich

Bernsteinbraune blanke Augen,
so schaut mich mein Teddy an,
kuschelweiche Knubbelnase,
die so richtig lieb sein kann.

Abends wenn ich schlafen geh,
da liegt er in meinem Arm,
schmiegt sich dicht an meinen Hals,
denn dort ist es so schön warm.

Wir erzählen uns ein Märchen,
von Hans im Glück und Rosenrot,
und wenn wir dann müde werden
schaukeln wir im Schlafensboot.

Teddy Bootsmann, ich Kapitän
so steuern wir in einen Traum,
wenn wir ausgeschlafen haben,
dann klettern wir auf einen Baum.

Ursula Gericke

Auf meine Waschmaschine

Ich schau verträumt
in dich. Es schäumt
in deinem Bauch die Lauge,
steigt, bewegt im Kreis sich, fällt:
Ein Genuss für's Auge!

Ein frischer Duft
erfüllt die Luft.
Dir wird's, wie stets! gelingen,
Schmutz und Dreck in Hemd und Strumpf
glorreich zu bezwingen!

Nun stehst du still.
Wohlan! Ich will
dein Säubrungswerk vollenden,
räum dich aus und fühl verzückt
Reinheit in den Händen.

Andreas Fecke

Kindliche Phantasie...Das Ritterspiel

Mein Sohn will heut ein Ritter sein,
mit Rüstung und auch Schwert,
natürlich einem Helm aus Stahl
und einem edlen Pferd.

Die Rüstung ist das Hauptproblem,
er grübelt: 'Das wird schwer.
Doch Opa's alte Lederjack'
hält notfalls dafür her.'

Dann sucht er lang im Küchenschrank,
ein Nudelsieb er wählt,
stülpt es sich grinsend auf den Kopf,
denkt nach, was ihm noch fehlt.

'Ein scharfes Schwert, ganz blank und hell,
was nehm ich dafür bloß?
Ich weiß, mit Klingen spielt man nicht...'
und lachend rennt er los.

Zum stillen Örtchen schleicht er sich
und stiebitzt sich die Bürst.
'Ein blanker Degen ist's halt nicht,
für Ritter oder Fürst.'

'Doch das ist nun mein Morgenstern,
viel cooler als ein Schwert...'
Nun überlegt der kleine Wicht:
'Woher krieg ich ein Pferd?'

'Ein Ritter braucht schon einen Gaul,
zum Reiten in der Schlacht,
sonst wär er ja ein Fußsoldat..'
Doch so wärs nicht erdacht.

'Als ich noch klein war, spielte ich
im Schuppen hinterm Haus,
mit einem alten Schaukelpferd...
das hole ich mir raus!'

Verstaubt und hinter Pappkartons,
da steht der Gaul aus Holz,
seit vielen Jahren nicht benutzt...
erwacht zu neuem Stolz.

Der Bub hat alles, was er braucht,
Ross, Morgenstern und Helm
und Ritterrüstung obendrein,
zur Mutter läuft der Schelm.

'Ich kämpf jetzt um die Ritterburg,
den Feind lass ich nicht ein...
und du, weil du die Schönste bist,
darfst Edelfräulein sein!'

Eva Irene Dizdarevic

Geisterstunde

Stille zieht nun ein ins Haus,
nur die alten Balken knarren,
stoßen dumpfe Seufzer aus.

Wind streicht klagend ums Gemäuer,
Zweige über Wände scharren,
ist die Zeit der Ungeheuer.

Spinnen lauern in den Ecken,
weben klebrig ihre Fäden,
schweben leise von den Decken.

Mitternacht die Turmuhr schlägt,
klappernd hallen Fensterläden,
Schatten sich im Dunkel regt.

Hörst du nicht das Kettenrasseln,
drohend kommt es auf mich zu,
Angstgefühle auf mich prasseln.

Bleich steht neben meinem Bette,
lässt mir wieder keine Ruh,
das Gespenst nun mit der Kette.

Beugt sich nieder, greift nach mir,
möchte, aber kann nicht schrei'n,
bleckt die Zähne wie ein Tier.

Da, ein Klang nun furchtbar gellt,
dringt mir scharf durch Mark und Bein,
wie der Wecker so laut schellt.

Brigitte Baumgartner

Kleine Geste

Leere Blicke schauen ängstlich,
fürchten Fragen nach den Gründen.
Stumme Sätze schreien kläglich
ihre Furcht sich zu verkünden

Oberflächlichkeit ersinnend
brechen Hände schon die Keime.
Lassen Sprüche wertlos hallend
klingen, sehnend ins Geheime

Heuchelndes Gefloskel hemmt dich
vager Hoffnung nachzuhecheln.
Worte sind dir unerheblich,

freundlich schenke ich ein Lächeln

Florian Pahlke

Auf dem Weg zu den Göttern

Ängstlichkeit liegt überm stickigen Tal
und Rüstungen glänzen der Sonne entgegen.
Hoch zu dem Rosse mit Waffen aus Stahl,
bereit für den König ihr Leben zu geben.

Söhne von Odin und Thor aus dem Norden,
sie warten aufs Zeichen des schallenden Horns.
Raubend und plündernd, wie wildernde Horden
verbrannten sie Dörfer, die Ernte des Korns.

Heut werden Männer zu Helden gemacht,
für Ehre und Ruhm und als heilige Ritter,
sagenumwobene Recken der Schlacht,
so gehet in epische Hallen als Götter!

Mut wird ertränkt und die Furcht, ja, sie nagt.
Und endlich ein Schlachtruf verdunkelt den Ort.
Tod und Verderben, die werden vertagt,
denn Mama ruft; „Essen, jetzt aber sofort!"

Thomas Sinde

Engelchen

Wenn ich ein kleiner Engel wär',
mir fiele meine Wahl nicht schwer,
ich würde einfach zu Dir schweben.
Du wärest niemals mehr allein;
ich könnte immer bei Dir sein
und widmen Dir mein ganzes Leben.

Klammheimlich ging' ich Dir zur Hand,
nicht sichtbar, sondern unerkannt,
was immer auch geschehen sollte.
Du wüsstest nicht, dass es mich gibt,
ein Engelchen, in Dich verliebt,
das niemals von Dir gehen wollte.

Und legst Du abends Dich zur Ruh',
dann säh' ich Dir beim Schlafen zu;
ganz still, es darf ja keiner wissen.
Doch würd' ich, weil mich zu Dir zieht,
dass Dein Gesicht so süß aussieht,
verstohlen auf die Stirn Dich küssen.

Vielleicht sind wirklich Engel da,
nicht sichtbar, aber doch ganz nah',
die nie von Deiner Seite gehen,
die bei Dir sind in Freud' und Not
und Liebe ist ihr täglich Brot.
Ich könnte sie sehr gut verstehen.

Y~Shark

Sternleins Wunsch

Guter Mond, kannst du mir sagen,
wann die Dunkelheit vergeht,
wann der Wind die Wangen bläht,
wann beginnt es hell zu tagen?

Sternlein, sei nicht ungeduldig,
darfst doch gerne schlafen gehn,
meine großen runden Augen
werden nach dem Liebsten sehn.

Lieber Mond, und weckst du mich,
wenn mein Sternenfreund in Sicht,
will als Schnuppe mich verbinden,
Träumern schenken goldnes Licht.

Sternlein, ruh dich aus vom Scheinen,
morgen ist die Zaubernacht,
und ihr werdet euch vereinen
zur Sternenschnuppenliebesmacht.

Ursula Gericke

Heute Nacht stehl' ich den Mond

Psst, heute Nacht stehl' ich den Mond,
und werd ihn dann verstecken.
Dann schläft er einmal richtig aus,
werd ihn erst morgen wecken.

In meinem Bett dort liegt er gut,
zu meinen nackten Füßen.
Und zeitig wenn die Sonne lacht,
kann er den Tag begrüßen.

Dann bind ich ihn an eine Schnur,
kann ihn so nicht verlieren.
Er schwebt jetzt wie Luftballon,
so gehen wir spazieren.

Ich zeige ihm die bunte Welt,
die Tiere und die Pflanzen.
Und wenn die Zeit ein wenig reicht,
führ ich ihn aus zum Tanzen.

Bis in die Nacht... dann schick ich ihn
zurück ins Schwarze, gerne.
Er winkt mir froh, ich wink zurück
und ruf „grüß mir die Sterne".

Charlotte Thiesies

Wiegenlied für "Große"

Legst dein Herz zur Ruh
lässt den Verstand schlafen,
deckst dich mit Träumen zu.

Lächelst voller Dankbarkeit
ohne Wissen wieso und warum,
bist für den Schlaf bereit.

Niemand sucht mehr deinen Rat
lässt dich einfach gleiten,
brauchst nicht weiter Wort und Tat.

Wählst ein Wolkenkuckucksheim
dein Zuhaus für eine Nacht
könnt in einer Blume sein...?

jetzt
schlaf ein...

Barbara Corsten